U0722286

刘明

2005年毕业于西安美术学院动画专业，同年进入西安麦道广告有限公司任插画师，次年于西安科技大学任教至今。2015年成立西安动悟堂动漫科技有限公司，主要从事插画和动画等领域的商业创作。为上海阳狮、盛世长城、百比赫、奥美等4A广告公司进行插画创作，合作的品牌包括宝洁、迪士尼、VISA、家乐福、沃尔沃、肯德基、天猫、华为、京东、雅顿、乐事等。为万科、美的地产、支付宝、百度等进行动画创作。

2012年获中国西安第二届原创动漫大赛最佳插画奖。

2014年获戛纳国际广告节平面类铜奖。

大明卷

明朝极简史艺术画集

刘明 编著

人 民 邮 电 出 版 社
北 京

图书在版编目（CIP）数据

大明卷 ： 明朝极简史艺术画集 / 刘明编著. -- 北京 ： 人民邮电出版社，2024.3
ISBN 978-7-115-63212-8

Ⅰ. ①大… Ⅱ. ①刘… Ⅲ. ①中国历史－明代－通俗读物 Ⅳ. ①K248.09

中国国家版本馆CIP数据核字(2024)第034088号

内 容 提 要

这是一本展示明朝历史的插画集。

本书以明朝十六帝为时间线，展示了从明太祖朱元璋到明思宗朱由检这一段时期的历史，通过各个皇帝在位时的重大历史事件和重要人物表现明朝的荣辱兴衰。在内容安排上，本书以史书明确记载的事件为准，含少量的传说和典故。

本书着重表现明朝的重大事件，以人物画为辅，着重塑造明朝重要的历史人物。希望通过本书，读者能更清楚地了解明朝的帝王、政治、经济、军事和文化。另外，本书还展示了明朝的著名人物，如王阳明、吴承恩、李时珍等。

本书适合插画师、绘画爱好者及历史爱好者阅读。

◆ 编　　著　刘　明
责任编辑　张玉兰
责任印制　马振武

◆ 人民邮电出版社出版发行　　北京市丰台区成寿寺路 11 号
邮编　100164　　电子邮件　315@ptpress.com.cn
网址　https://www.ptpress.com.cn
北京尚唐印刷包装有限公司印刷

◆ 开本：889×1194　1/16　　插页：6
印张：9　　2024 年 3 月第 1 版
字数：126 千字　　2024 年 3 月北京第 1 次印刷

定价：149.80 元

读者服务热线：(010)81055410　印装质量热线：(010)81055316
反盗版热线：(010)81055315
广告经营许可证：京东市监广登字 20170147 号

前言

自2005年从西安美术学院毕业至今，我一直从事商业插画、动画领域的相关创作工作，与多家世界知名企业和4A广告公司有过合作。商业插画是创作者结合自身艺术素养与商业需求，以宣传推广企业形象和商业产品为目的的艺术表达形式。商业插画一般以广告媒介的形式推广，使艺术与商业生产实践相结合，进而产生社会价值。商业插画可使插画师获得相应的报酬，但会对艺术创作本身进行诸多限制。在进行商业插画创作时，一般插画师进行“自我表达式”自由创作的幅度有限。

关于创作，我采取的方式是以包容的态度兼顾商业插画创作与自由创作。在进行商业插画创作工作之余，我会根据自己的喜好进行自由创作。即便没有大段连续的时间，将闲暇的碎片时间充足利用起来，亦能创作出优秀的作品。经过二十多年商业插画创作实践的磨砺，我的完稿速度不断提升，这为我的个人创作提供了保障。之前进行绘画时并无规划，作品零散，不成系列。在读研期间，我的导师赵新平教授指出，我需要以系列插画的形式进行主题创作，这样作品易成规模，创作思路更广，实践能力也会显著提升。

2015年至2016年，我创作了《镜花缘》系列插画（近200幅）；2017年，我以明清时期秦晋地区的狮文化为主题，创作《秦晋狮谱》系列插画（120幅）；2018年，我开始进行历史题材系列插画创作，即《大明卷》系列插画。经过不断修正、完善，历经三年终于完稿。

明代是一个精彩纷呈的时代，我们熟知这段历史，既有“天子守国门”的民族大义，又有“君王死社稷”的慷慨悲壮，更有“万国来朝”的盛况空前，我用自己的方式将其描绘出来。秦、汉、两晋、南北朝、隋、唐、宋、元、明、清，之后我会尝试以更多作品和差异化的艺术表现风格来展现这一段段波澜壮阔的历史。

最后，感谢人民邮电出版社的信任和邀请，使本书得以出版。希望日后能创作出更多更优秀的画作，让更多读者了解我们的历史。本书中展示的历史形象是我个人主观意识的体现，欢迎读者朋友提出不同的意见，我们一起讨论，共同进步。

刘明

2023 年 12 月

数艺设教程分享

本书由“数艺设”出品，“数艺设”社区平台（www.shuyishe.com）为您提供后续服务。

“数艺设”社区平台，为艺术设计从业者提供专业的教育产品。

与我们联系

我们的联系邮箱是 szys@ptpress.com.cn。如果您对本书有任何疑问或建议，请您发邮件给我们，并请在邮件标题中注明本书书名及ISBN，以便我们更高效地做出反馈。

如果您有兴趣出版图书、录制教学课程，或者参与技术审校等工作，可以发邮件给我们。如果学校、培训机构或企业想批量购买本书或“数艺设”出版的其他图书，也可以发邮件联系我们。

关于“数艺设”

人民邮电出版社有限公司旗下品牌“数艺设”，专注于专业艺术设计类图书出版，为艺术设计从业者提供专业的图书、视频电子书、课程等教育产品。出版领域涉及平面、三维、影视、摄影与后期等数字艺术门类，字体设计、品牌设计、色彩设计等设计理论与应用门类，UI设计、电商设计、新媒体设计、游戏设计、交互设计、原型设计等互联网设计门类，环艺设计手绘、插画设计手绘、工业设计手绘等设计手绘门类。更多服务请访问“数艺设”社区平台www.shuyishe.com。我们将提供及时、准确、专业的学习服务。

目录

太祖洪武帝——朱元璋

平民天子

朱元璋，明朝开国皇帝，字国瑞，原名朱重八、朱兴宗，出生于濠州钟离（今安徽凤阳）。他于1368年至1398年在位，年号『洪武』。他推翻元朝统治，建立明朝，并推行一系列政策，使人民得以休养生息。朱元璋谥号『开天行道肇纪立极大圣至神仁文义武俊德成功高皇帝』，庙号『太祖』，葬于明孝陵。

大疫

至正四年（1344年），朱元璋所在的濠州遭遇旱灾和蝗灾，继而引发饥荒和瘟疫。朱元璋的父母、兄长去世。年仅17岁的朱元璋被迫离开家乡，流浪至皇觉寺为僧。又过了一个月，他到合肥一带化缘，这便是如今人们戏称的“开局一个碗”。

至正十一年（1351年），韩山童和刘福通起义，组建了红巾军。汤和邀请朱元璋加入他们。但是朱元璋的师兄偷偷告诉他，有人可能告密。为了安全起见，朱元璋选择投奔郭子兴。

朱重八

刘伯温
李善长
李文忠

北伐

至正二十七年（1367年）十月，朱元璋命徐达、常遇春率领军队二十五万人北进中原。在这一背景下，朱元璋政权发布了《谕中原檄》，提出“驱逐胡虏，恢复中华，立纲陈纪，救济斯民”。朱元璋于1368年1月23日（正月初四），在南郊祀天地，即皇帝位，定国号为“明”，年号为“洪武”。

同年七月，明朝各路大军一路挺进，攻克通州。随后，明军进逼大都，元顺帝带领后妃、皇太子等人逃出大都，并经过居庸关逃奔上都。这一事件标志着明朝取得了长城以内地区的统治权。此外，明朝还收回了幽云十六州。

忧虑

朱元璋是明朝的开国皇帝，他在夺取天下后非常担心文臣们看不起他的出身，还担心武将们抢夺他的皇位。加上朱元璋认为皇太子朱标太过宽仁，容易被强势的大臣所压制。因此，他采取了一些措施来教育和培养皇太子。据野史记载，有一次朱标劝告朱元璋不要过多杀人，朱元璋就在地上扔了一根长满利刺的棘杖，并命令皇太子用手捡起来。皇太子因无从下手而面有难色。朱元璋则解释说："如今我所诛杀的都是天下一些险恶之徒，就如同这根棘杖上的利刺。我把它们除掉后再将木杖交给你，难道还有比这更好的吗？"需要注意的是，这个故事的真实性有待考证，可能只是后人编造的一个故事。朱元璋在中国历史上是一个极其重要和复杂的人物，人们对他的治国方式和个人性格有着不同的评价和解读。

朱元璋
徐达
汤和
常遇春
蓝玉

平南

朱元璋最初是郭子兴麾下的一名亲兵。后来郭子兴看他英勇善战，便将养女马氏嫁给了他。经过不断征伐，朱元璋率军攻占集庆，并改集庆为应天。建立以应天为中心的根据地后，朱元璋面临着来自长江上游的陈友谅、下游的张士诚及东南邻方国珍等割据势力的威胁。至正二十三年（1363年），朱元璋对战陈友谅。朱元璋采用火攻战术，最终击败了陈友谅，获得了胜利。至正二十五年（1365年），朱元璋下令讨伐张士诚。至正二十六年（1366年），包围平江城。次年城破，张士诚被俘。至正二十七年（1367年），朱元璋命汤和为征南将军，讨伐割据浙东多年的方国珍，成功将其降服。至此，朱元璋一统江南。

元顺帝

剪除

“飞鸟尽，良弓藏；狡兔死，走狗烹。”在明朝洪武年间，朱元璋为了加强皇权，不断清理权臣，胡惟庸便是其中之一。他以谋反罪被诛杀，家族遭到屠灭，相关者被株连。然而，这种政治清洗并没有止步。十年后，李善长等人因涉胡惟庸案而被处死，家属七十余人被杀；著名儒臣宋濂被流放茂州，病死于流放途中。胡惟庸案持续了十年之久，导致数十家王公贵族被株连，三万多人受到牵连。

后来蓝玉被指控谋反，朱元璋下令逮捕了蓝玉。后蓝玉被处死且灭族。根据蓝玉的供词，与他一起参与谋反的人包括景川侯曹震、鹤庆侯张翼、舳舻侯朱寿、东莞伯何荣，以及吏部尚书詹徽、户部侍郎傅友文等人。受此案牵连的有两万五千人。

受胡惟庸案和蓝玉案牵连，许多功臣和其他一些重要人物被杀。这间接地导致靖难之役中朝廷无将可用。

锦衣卫

洪武十五年（1382年），朱元璋设立了锦衣卫。锦衣卫最初的职责包括守卫值宿、侦察逮捕和典诏狱，但在早期并没有设立稳定的制度来支持这些职责的履行。

然而，在洪武二十年（1387年），朱元璋认为锦衣卫滥用职权，凭借权势、宠幸而胡作非为。因此，他将锦衣卫内外刑狱的职责交由法司处理。

在明初，锦衣卫在许多案件（如“胡蓝之狱”、“郭桓案”和“空印案”）中发挥了重要作用。

需要注意的是，锦衣卫的职责、组织结构和影响力在明代的不同阶段是不同的。

惠帝建文帝——朱允炆

下落不明

朱允炆是明朝第二位皇帝。他推行了一系列改革政策，包括优容文士、宽刑省狱、减轻赋税、革除冗员等，即后人所称『建文新政』。他还推行削藩政策，废黜了周王、代王、齐王、岷王等皇室成员，湘王自焚而死。燕王朱棣发动了『靖难之役』，夺取了皇位。

削藩

朱元璋的儿子们被封为藩王，但朱允炆担心他们拥兵自重，对皇权构成威胁，开始考虑削弱他们的权力。经过讨论，朱允炆采纳了黄子澄的建议，先削夺周王的权力，然后陆续废黜其他几名藩王。在这个过程中，建文帝也调配兵力提防燕王朱棣。

明朝削藩运动还有一些其他值得探讨的方面。其中之一是在削藩运动中采用的政策手段。除了削夺藩王的权力，还采用了分割藩王领地、改变封号、限制藩王兵权等手段。这些手段使得藩王的势力受到了严重削弱，但有助于中央集权的加强。此外，削藩运动也是朱允炆加强皇权的一次尝试。然而，这些手段引起了一些藩王和其他权贵的不满，最终导致了明朝的政治动荡和权力斗争。

明朝削藩运动是一个重要的历史事件。它不仅为明朝的政治稳定奠定了基础，还反映了中国历史上中央政权和地方势力之间的不断博弈和权力斗争。

朱允炆
姚广孝
齐泰
黄子澄
方孝孺

靖难

建文元年（1399年），燕王朱棣以“清君侧”为名发动了“靖难之役”，这是一场统治阶级内部争夺帝位的战争。战争初期，燕王处于劣势。但随着时间的推移，朝廷内部指挥失误、兵力不足、士气低落等问题严重影响了战局，朝廷不断溃败，许多将领纷纷投降燕王。

建文四年（1402年），燕王朱棣率领军队直逼南京。建文帝朱允炆无法抵御燕军的攻势，于是派遣庆成郡主与朱棣进行谈判，试图通过割地来达成和解。但是，这次谈判没有成功。

谜团

建文四年（1402年）六月，燕王朱棣率领军队侵犯金川门，谷王朱橞和曹国公李景隆叛降，南京城被攻破。与此同时，皇宫突然起火。大火被扑灭后，发现几具烧焦的尸体。据太监说，其中两具尸体是皇帝和皇后的。

传言称，朱允炆乔装成和尚逃离了皇宫，但至今没有确凿的证据能证明这一说法的真实性。

朱棣登位后，处死忠于建文的诸臣，史称“壬午殉难”。

值得玩味的是，朱棣登基后继续奉行削藩政策。削藩后的明朝，将权力斗争范围直接缩小到了中央，也就是后面的宦官、大臣和皇帝之间的斗争。对于削藩，笔者认为：朱元璋诛杀功臣，导致藩王可以对抗中央；削藩，导致皇室宗亲不能在皇权受到威胁的时候站出来。削藩并不是单纯地加强中央集权那么简单，它对朝代的影响是持续性的，要用发展的眼光去看待这个政策。

紫禁城

故宫，又称紫禁城，始建于明朝永乐年间，历经几百年的扩建和改造，成为世界上现存最大、最完整的古代宫殿建筑群。它位于北京市中心，南北长961米，东西宽753米，四面围着高10米的城墙，城外有宽52米的护城河。

故宫于1987年被联合国教科文组织列为世界文化遗产。故宫和中国其他的古建筑（如北京的天坛等）都是中国传统文化的瑰宝。在中国传统文化中，人们通常将故宫视为封建帝王专制的象征，同时也是中国文化和历史的重要遗产。

仁宗洪熙帝——朱高炽

宽仁为本

朱高炽，明成祖朱棣长子，洪武二十八年（1395年）被册立为燕王世子，明朝第四位皇帝（1424年至1425年在位），年号『洪熙』。靖难之役期间，朱高炽守北平府，仅以万人拒李景隆五十万之众。明成祖朱棣数次北征，朱高炽都以太子身份监国，朝无废事。永乐二十二年（1424年）八月登基。在位期间为政开明，发展生产，与民休息，赦免了许多建文帝的旧臣，平反了许多冤狱，废除了许多苛政，为『仁宣之治』打下基础。庙号『仁宗』，谥号『敬天体道纯诚至德弘文钦武章圣达孝昭皇帝』，葬于献陵。

夺嫡

明成祖朱棣登基后不久开始处理皇位继承问题。他原本打算立皇长子朱高炽为皇太子，但因为朱高煦在靖难之役中立下赫赫战功，武将集团很拥护朱高煦，加上自己对他也很欣赏，所以有了立朱高煦为皇太子的想法。然而，兵部尚书金忠反对立朱高煦为皇太子，并用历代立储时皇子相互残杀来劝说朱棣立嫡长子朱高炽为皇太子。黄淮和尹昌隆则认为应该按照礼制，即根据嫡子的长幼顺序立储；解缙则支持立朱高炽为皇太子，理由是他是皇嫡长子并且有德行，能够得到天下人的拥护。经过考虑，朱棣最终决定立朱高炽为皇太子，而将朱高煦封为汉王，将朱高燧封为赵王。

尽管朱高炽被册立为皇太子，但是朱高煦、朱高燧和他们周围的政治势力仍然试图夺取皇太子之位。朱棣为了平息矛盾，将朱高煦的封地设置在云南，为此朱高煦非常不满，还常自比李世民；朱高燧则因为愤愤不平经常做出不法之事。幸运的是，皇太子朱高炽在朱棣面前打圆场，事态才没有发展到不可收拾的地步。

朱棣驾崩，英国公张辅和阁臣杨荣担心朱高煦和朱高燧会趁机作乱，便秘不发丧，并将消息告诉了皇太子朱高炽，朱高炽得以顺利登基。

朱棣
朱高燧
朱高炽
朱高煦

仁政

朱高炽上位后颁布了大赦令，并取消了海上远航，停派去云南和交趾的使团。这实际上是对明成祖朱棣时期的政策进行了调整。此外，朱高炽赦免了建文帝旧臣、官员家属和外亲，允许他们返回故乡。他还平反了许多冤案。这些举措缓和了统治集团的内部矛盾。

宣宗宣德帝——朱瞻基

英姿睿略

朱瞻基，明朝第五位皇帝。他是明成祖朱棣的孙子、明仁宗朱高炽的长子。在他的统治下，社会经济获得了空前的发展，这一时期也被称为『仁宣之治』。朱瞻基非常注重治国，他整顿了吏治和财政，并提升了内阁的地位，任用了一些有才干的官员，如『三杨』、蹇义、夏原吉等。他还教导宦官读书参政。他实行休养生息政策，缓和社会矛盾，并停止了对交趾的战争，避免了不必要的损失。此外，他还令郑和第七次下西洋。除了治国有方，朱瞻基在书画方面也有很高的造诣。他点墨写生，工于绘事，山水、人物、走兽、花鸟、草虫均为佳作。他的谥号为『宪天崇道英明神圣钦文昭武宽仁纯孝章皇帝』，葬于景陵。

平乱

洪熙元年（1425年）六月，朱瞻基登基为帝。

次年八月，汉王朱高煦谋反。朱高煦派遣一名官员前往北京，试图找到张辅作为内应。但这名官员被张辅逮捕并上报了朝廷。当时朱高煦已约山东都指挥靳荣等人共同起事。朱瞻基并没有派遣军队进行镇压，而是亲自撰写书信规劝朱高煦罢兵。

朱高煦不听劝告，朱瞻基决定御驾亲征。征讨大军驻扎在安乐城北，围住四门，以武力震慑，并两次劝降。城内叛军有抓住朱高煦将功赎罪之意。朱高煦不得已出城投降。后朱高煦被废为庶人，囚禁于西安门内。之后他和他的几个儿子都被诛杀。

坊间传言，朱高煦是被活活烤死在铜缸中的，这反映出了皇权争斗的残酷无情，以及帝王家的无奈与薄情。

朱瞻基
朱高燧
朱高煦

盛世

明宣宗在成祖、仁宗的基础上，进一步改革政治机构，实行休养生息政策。明宣宗即位后则进一步继承和发扬广开言路、纳谏的风尚，命令各级官吏宜伸张教化，普及法律知识，以减少犯罪行为。

明宣宗在位期间一直致力于实行安民、爱民的仁政。他明白“民生乃国家之本”，因此他采取了许多措施来解决民生问题。他特别注重农业生产和农民的生活，深知农业是国家的重要支柱。鉴于此，他继承和推行了洪武朝以来的招人垦荒政策，促进农业生产的发展，这也使他得到了人民的拥戴和支持。

明宣宗统治时期，政治清明，国家治理有方，文治武功兼备，百姓安居乐业，经济得到了空前的发展，社会呈现出繁荣和稳定的局面。在他的统治下，人才济济，如“三杨”、蹇义、夏原吉等文臣，张辅等武将，以及于谦、周忱等地方巡抚。他们在政治、军事、经济等各个领域做出了杰出的贡献，为宣宗时期的繁荣稳定打下了坚实的基础。在这个时期，中国与外部世界的交往逐渐增多，外交关系得到了巩固，甚至出现了“万国来朝”的局面。

行乐

朱瞻基是一位有着较高文化素养的明朝皇帝，但也有一些不足之处。他热爱射猎、斗促织和其他一些游戏。这些兴趣可通过一些文物体现出来，如《武侯高卧图》《三阳开泰图》《苦瓜鼠图》《明人画明宣宗射猎图》等。

一些野史中记载，明宣宗喜好促织，被称为“太平天子，促织皇帝”，蒲松龄在《聊斋志异·促织》中就提到了相关事。

总体来说，朱瞻基是一位有着不同兴趣爱好的多才多艺的皇帝，他在文化和艺术上有很高的造诣。

英宗正统、天顺帝——朱祁镇

朱祁镇，明朝第六位（1435年至1449年在位）和第八位（1457年至1464年在位）皇帝，是宣宗朱瞻基的长子。他在年少时继承了皇位，但实际上国家事务由太皇太后张氏掌管。成年后，他致力于治理国家，但却过分宠信王振，导致宦官专权。朱祁镇曾试图攻打崛起的蒙古瓦剌部，但在土木堡遭受失败并被俘。他的弟弟郕王朱祁钰登基称帝，并在北京保卫战中获胜。朱祁镇被瓦刺放回后被朱祁钰安置于南宫。七年后，朱祁镇发动『夺门之变』，重新登基称帝，改年号为『天顺』。然而，他重用奸臣，导致明朝有所恢复的国力再度受挫。他的庙号是『英宗』，谥号为『法天立道仁明诚敬昭文宪武至德广孝睿皇帝』，葬于裕陵。

太皇太后张氏
朱祁镇

辅政

朱祁镇即位时只有九岁，国家事务基本由太皇太后张氏掌管。张氏尽管地位崇高，却没有重用自己的亲属，甚至不允许外戚干预国事。张氏对王振看管甚严，使他在张氏掌权期间不敢行恶。张氏重用了自仁、宣皇帝时期以来的旧臣，特别是“三杨”。他们在担任内阁辅臣期间表现出色，安定了边防，整顿了官僚体制，促进了经济发展，使大明朝的国力更盛。

正统初年，太皇太后与“三杨”一同治理国家，明朝呈现出欣欣向荣的景象。然而，好景不长，随着“三杨”和张氏相继离世，一直被皇帝朱祁镇宠信的宦官王振开始兴风作浪，明朝政治生态受到严重破坏。

朱祁镇从年少的天子成长为热血青年，在位初期展现出安邦定国的雄心壮志，并努力励精图治。然而，由于王振等奸臣的干预，正统朝的政事开始走下坡路。

土木堡

正统初年，瓦剌逐渐壮大，不时南下侵扰明朝边境。当时瓦剌太师也先是瓦剌实权派的代表人物。正统十四年（1449年），瓦剌遣使到明朝进贡马匹。宦官王振擅自削减入贡的马价，且朝廷拒绝了瓦剌的联姻请求。太师也先以此为借口，率军南下直逼大同。此时，年轻的皇帝朱祁镇认为这是展示自己才能的绝佳机会，王振也趁机鼓动皇帝亲自率军出征。

当时朝廷的主力军队大部分驻扎在边境，无法迅速集结。朱祁镇临时调集了约二十万人，但号称五十万大军，亲自领军出征。

明军出征时，准备不足，加之军政大权交给王振一人专断，组织不当，不久军内便自相惊乱。未到大同，军中已经乏粮，军心不稳。随驾官员请求圣驾回銮，王振不听。也先佯装退却，引诱明军顺利进入大同。得知明军前线惨败情况，继续北行会中瓦剌之计，王振才知道害怕，便下令退兵。为显示自己衣锦还乡，王振本想取道紫荆关，途径他的家乡蔚州，让皇帝驾幸他的府第。后又想到军队经过会损坏家乡的庄稼，又火速传令改道宣府。明军迂回奔走，瓦剌大军追袭而来。明军退至土木堡，王振下令宿营。瓦剌军队包围土木堡，二十万军队被击溃，朱祁镇被俘，王振死于乱军之中。这一事件被称为“土木之变”。

“土木之变”后，明朝精锐军队损失殆尽，很多高级官员也死于此役，京城门户洞开。明朝廷备受打击，内外矛盾激化并日趋严重。这一事件进一步削弱了明朝的统治地位，加速了其走向灭亡的进程。

囚禁

"土木之变"，朱祁镇被俘。皇太后命立朱见深为皇太子。后郕王朱祁钰即位，遥尊朱祁镇为太上皇。瓦剌屡屡以朱祁镇为筹码向明朝廷索取财物，明朝廷并不积极响应。他们又企图将朱祁镇作为人质骗开边境城门，却被大同和宣府的守将以巧妙的手段化解了。这种情况下，也先准备将朱祁镇放回。

景泰元年（1450年）八月，瓦剌无条件释放朱祁镇。朱祁镇回到京城，入居南宫。因一个国家不能有两个君主，朱祁镇开始了他长达七年的软禁生活。软禁期间，南宫的大门被锁上并灌铅，锦衣卫严密看守，食物只能通过小洞传递。为了防止外人与被软禁的朱祁镇接触，朱祁钰甚至砍伐了南宫附近的树木，确保无人藏匿。朱祁镇连基本的生活都得不到保障，一度靠皇后变卖自制女红度日。

代宗景泰帝——朱祁钰

临危即位

朱祁钰是明朝第七位皇帝，也被称为景泰帝。他是明宣宗朱瞻基的次子，明英宗朱祁镇的异母弟弟。在『土木之变』后，他得到于谦、王直等大臣的支持，被拥立为皇帝。景泰帝在位期间展现了出色的才干和领导能力。他重用了于谦等人，并采取了一系列政治、经济和军事方面的改革举措，致力于整顿国家，推动明朝的稳定和发展。在他的带领下，取得了北京保卫战的胜利，使得明朝逐渐有了中兴之势。然而，后来明英宗发动『夺门之变』，重夺帝位。不久之后，景泰帝突然离世，被追谥为『戾』。明宪宗即位后，追谥他为『恭仁康定景皇帝』。与之前的明朝皇帝不同，朱祁钰被葬于景泰陵，成为迁都北京后第一个不葬于明十三陵的皇帝。

少保

于谦，字廷益，号节庵，明代大臣、军事家、政治家。他官至少保，被世人尊称为“于少保”。

宣德元年（1426年），于谦作为御史随同明宣宗平定了汉王朱高煦的叛乱。明英宗时期，因为他入京觐见时没有给王振送礼物，遭到了诬陷并被关押。幸而得到两省百姓、官吏甚至藩王的请愿，于谦最终获得释放并复任。

“土木之变”，明英宗朱祁镇战败被俘，于谦坚决反对南迁的提议，坚持固守北京。他晋升为兵部尚书。明代宗朱祁钰即位后，命于谦整顿军备，部署要害位置，并让他亲自督战。于谦率领二十二万大军，在北京城九门外列阵，成功抵御了瓦剌大军的进攻。

瓦剌太师也先挟持英宗逼迫明军和议，但于谦出于对国家的忠诚，坚持“社稷为重，君为轻”原则，拒绝了和议。于谦一直积极备战，挑选精锐部队进行操练，并派兵出关屯守，以确保边境安宁。

总体来说，为官期间于谦忧国忘身，不居功自傲，平时生活也以俭朴为准，住的地方只能够遮蔽风雨。然而，由于他个性刚直，招致朝中很多人忌恨。在明英宗复辟后，大将石亨等人诬陷于谦想秘密拥立襄王的儿子当皇帝，导致他蒙冤被杀。他与岳飞、张苍水并称“西湖三杰”，被后人敬仰。

于谦

朱祁钰

朱祁钰

保卫

正统十四年（1449年）七月，也先率领大军进犯，明英宗听信宦官王振的建议亲征，结果在土木堡被俘。“土木事变”震惊了整个京师，负责监国的郕王朱祁钰令群臣商议应对策略。有的大臣主张还都南京，于谦等大臣则力主抗战。后廷议决定固守北京，于谦等积极备战。九月，郕王朱祁钰即皇帝位。

正统十四年（1449年）十月，瓦剌军挟明英宗南下，一路连续破居庸关、白羊口，直逼北京，北京危在旦夕。于谦受命率军二十二万列阵于北京九门之外，并亲自披挂上阵，守城士兵士气大振。瓦剌军几次攻城却被击退，士气大挫。随着天气转寒，担心退路被阻，于是撤军。北京危机解除，北京保卫战取得胜利。

朱祁镇

夺门

明英宗回朝后被软禁在南宫。景泰三年（1452年），朱祁钰废黜了侄子朱见深的太子之位，立自己的儿子朱见济为太子。然而一年后朱见济夭折，朱祁钰遭受了沉重的打击。有人推测，“夺门之变”的发生和朱祁钰太子夭折可能有一定的关联，因为合法继承人关乎王朝的合法性和延续性，这也是后面朝臣支持朱祁镇的原因之一。

景泰八年（1457年），朱祁钰突然病重。于是石亨与徐有贞等人密谋策划，准备拥立明英宗复位。他们秘密获得了孙太后的支持，明英宗朱祁镇复位。

总体来说，朱祁钰为了巩固自己的地位，极力打击政治对手，引发了朝臣的不满和反抗；石亨、徐有贞等人利用朱祁镇的复辟趁机攫取政治利益，且成功改变了朝廷格局。这次事件凸显了明朝朝廷内部的不稳定性和权力斗争的剧烈程度。“夺门之变”是明朝时期政治斗争的产物，它揭示了权力争夺的残酷性和政治斗争的复杂性，对明朝政权产生了深远的影响。

报复

明英宗复辟后，逮捕了兵部尚书于谦、大学士王文等人，并将一批大臣和太监下狱处死。随后，明英宗改元“天顺”，废黜了朱祁钰，改封为郕王，将其软禁在西内永安宫。朱祁钰在被废后不久去世。

于谦被处死对于当时的政治局势和朱祁镇个人形象产生了极大影响。这一行为显然是为了消除对自己政权的潜在威胁，巩固自己的统治地位。然而，于谦作为一位杰出的大臣和军事家，为明朝立下了赫赫战功，他的被杀引起了朝臣和民众的不满和愤慨。

朱祁镇杀害于谦的行为在历史上备受争议。有人认为朱祁镇此举是出于政治需要和个人私欲，是对杰出大臣的不公正对待；也有人认为这是权谋斗争的必然结果，是明朝政权内部权力斗争的一部分。无论如何，于谦的死对于明朝政权的稳定性和统治力产生了一定的负面影响。

宪宗成化帝——朱见深

两为太子

朱见深，后更名为朱见濡，是明英宗朱祁镇的长子，明代宗朱祁钰的侄子，1464年至1487年在位，年号『成化』。朱见深在位期间展现出英明宽仁的治理风格。成化初期，他恢复了朱祁钰的皇帝尊号，并平反了于谦的冤案。他任用了贤明的大臣商辂等来处理国家事务，采取了宽免赋税、减省刑罚等政策，促进了社会经济的复苏。然而，成化中后期，他沉溺后宫，任用奸邪之人，崇信道术，朝政转向晦暗。朱见深的庙号是『宪宗』，谥号是『继天凝道诚明仁敬崇文肃武宏德圣孝纯皇帝』，葬于茂陵。总体而言，朱见深在位期间表现出了一定的政治才能和善良品性，对国家发展和社会稳定做出了积极贡献。

万贞儿

万贞儿是明朝宫廷中的一位重要人物，她从小进入宫廷，先是作为朱瞻基皇后孙氏的宫女，后被派遣至东宫服侍朱见深。她个性机警，善于迎合明宪宗的意愿，并通过进谗言等手段成功让皇帝废黜了吴皇后。成化二年（1466年），万氏生下明宪宗的第一子，故被封为贵妃。但皇子不幸早夭，万氏后续未再生育。成化十二年（1476年），万氏被加封为皇贵妃。

万贞儿在明朝宫廷中具有极高的地位和影响力。她的聪明才智为她赢得了明宪宗的信任，使她成为明宪宗的重要依靠。

子嗣

万贵妃所生皇长子早夭。因年龄过大，万贵妃不能再生育，她便将怨恨撒向其他嫔妃。她会想方设法让有孕的妃嫔堕胎，致使朱见深久而无子。

女史纪氏有孕，宫婢谎称其病。纪氏被发配到安乐堂，于成化六年（1470年）生下皇三子朱祐樘。万贵妃令太监张敏将其溺死。张敏不忍，将其藏于别舍，以粥糊抚育。成化十一年（1475年），张敏将密养皇子之事告诉朱见深。万贵妃得知此事异常恼怒，后纪氏暴毙，张敏吞金而亡。十一月，朱祐樘被立为皇太子。

朱见深

西厂

西厂于成化十三年（1477年）成立，是由汪直借用锦衣卫的力量建立起的特务机构。相比于东厂，西厂的人数多出一倍，并扩大了职权范围。因群臣反对，西厂于成化十八年（1482年）被撤销。

明宪宗对西厂的重视为后来的武宗效仿，不仅重建了西厂，还增设了内行厂。

总体来说，成化朝的西厂是皇帝侦查官民隐事的工具，在明代特务活动中起到了重要的作用。

孝宗弘治帝——朱祐樘

恭俭有制

朱祐樘，明宪宗朱见深的第三子，明朝第九位皇帝（1487年至1505年在位），年号『弘治』。他为人宽厚仁慈，生活节俭，不沉溺于女色，专注于政务；重视司法，提倡言路开放，努力改变朝廷的腐败状况，驱逐奸佞之徒，任用正直的大臣（如王恕、刘大夏等）。明孝宗统治时期被后人称为『弘治中兴』。历代史学家对朱祐樘给予了极高的评价，明朝后期大臣、学者朱国桢曾说过：『三代以下，称贤主者，汉文帝、宋仁宗与我明之孝宗皇帝』。朱祐樘的庙号为『孝宗』，谥号为『达天明道纯诚中正圣文神武至仁大德敬皇帝』，葬于泰陵。

勤政

朱祐樘在治国思路上展现了开放和改革的态度，他敢于否定前任皇帝的政策，包括他父亲宪宗皇帝的既定政策，并勇敢地进行改革。朱祐樘下诏不可崇佛信道，废除了前朝的法王、国师、真人、国子等头衔，并处决了曾经的妖僧继晓。他还进行了一次大规模的人事调整，毫不手软地处理了前朝的奸佞之辈，但并没有大规模屠杀，这一举措受到了历史学家的称赞。

在用人方面，朱祐樘坚持“唯贤唯德”的原则，大量任用有才德的人。他还制定了严格的官员考核制度，选拔和提拔官员主要以其政绩为依据。朱祐樘待臣下宽厚仁慈，能够与大臣推心置腹，从未鞭打过大臣，君臣之间形成了亲密无间的关系。此外，他还实行了“平台召见”的朝参新方式。有了前朝宦官专权导致乱政的教训，朱祐樘对宦官进行了严格的监管，东厂和锦衣卫不敢任意行事，只能严格履行职责。

朱祐樘还进行了律法改革，对刑罚的运用非常谨慎。他在位期间制定了《问刑条例》，并组织编纂了《大明会典》。

总体来说，朱祐樘勇于纠正前朝的错误，进行了政治、人事和法律等一系列改革，推动了社会的进步，为明朝的繁荣和稳定做出了重要贡献。

朱祐樘

夫妻

朱祐樘是中国历史上唯一一个用实际行动践行一夫一妻制的皇帝。在封建社会中，一夫一妻多妾制度是被允许且是受法律保护的，而作为九五之尊的皇帝，通常后宫佳丽众多。然而，孝宗与张皇后的关系不同寻常，他一生只娶了一个皇后，与她过着与寻常百姓那样平凡而恩爱的生活。

孝宗坚持只宠爱张皇后一人，不封贵妃或美人，不纳宫女。他们共同度过每一天，同起同卧，一同欣赏诗画，听琴观舞，谈论古今。这种平等而亲密的相处方式在封建社会中是比较罕见的，并且这也从侧面佐证了朱祐樘是一位明君。

武宗正德帝——朱厚照

躬御边寇

朱厚照，明孝宗朱祐樘和张皇后的长子，明朝第十位皇帝（1505年至1521年在位），年号「正德」。他在位期间信任刘瑾等宦官构成「八虎」集团，形成内臣势力。朱厚照本人沉溺于荒淫怪诞的生活，导致社会经济进一步恶化，阶级矛盾不断激化。其间，农民起义频繁发生，并出现了宗室安化王朱寘鐇、宁王朱宸濠等人起兵夺位的事件。朱厚照虽看起来昏庸无道，但在朝政大事上并不糊涂，任用了不少贤臣良才，使明朝统治大体保持稳定。朱厚照庙号为「武宗」，谥号为「承天达道英肃睿哲昭德显功弘文思孝毅皇帝」，葬于康陵。

八虎

明朝弘治年间，东宫有八位随侍太监侍奉太子，他们以刘瑾为首。他们为了讨好未来的皇帝，每天进献各种奇特的玩具，并经常组织各类演出和体育活动，使东宫成为一个“百戏场”。年幼的朱厚照（当时还是太子）难以抵御这些诱惑，沉溺其中，难以自拔。

朱厚照即位后，刘瑾等八个长期相伴的心腹太监撺掇其大兴敛财之念，广置皇庄，扰民侵利。八人屡遭弹劾后非但未被惩处，反而逐步掌控了司礼监、厂卫、京营等要害部门，构成“八虎”集团，组成内臣势力。他们欺上瞒下、党同伐异、纳贿自肥，甚至能够掌控文武百官的任免和升降。其中刘瑾的权势炙手可热，一度被称为“立皇帝”。正德五年（1510年），“八虎”之一的张永与朝臣杨一清联手呈上刘瑾图谋不轨的证据。刘瑾被逮捕并被抄家，终被凌迟处死。

正德八虎
丘聚
刘瑾
马永成
谷大用
魏彬

豹房

正德三年（1508年），皇宫已经无法满足武宗纵欲玩乐之心。他离开了紫禁城，搬到了皇城西北的“豹房”新宅。这座新宅建有复杂的密室，宛如迷宫，内设校场、佛寺等，甚至养了许多野兽。

其实豹房并不是专门养豹的场所，也不是一般意义上的离宫。它是武宗居住和处理政务之所。武宗在豹房长期居住，以江彬、许泰为代表的边将群体经常出入豹房，成为武宗倚重的又一重要政治势力。

朱厚照

圣贤

王守仁，原名王云，字伯安，号阳明，是明朝杰出的思想家、文学家、军事家和政治家。

弘治十二年（1499年），王守仁中进士，开始他的官场生涯，曾任刑部主事、贵州龙场驿丞、右佥都御史、南京兵部尚书等职。他先后镇压闽、粤、湘、赣等地的农民起义和广西边民起义，还参与平定了朱宸濠之乱，被封为新建伯。

王守仁提出了著名的阳明心学，提倡“心即理”“知行合一”“致良知”等学说。他弟子众多，形成了“阳明学派”。他的文章博大昌达，笔墨间透露出俊爽之气。他的讲学与诗文著述由门人整理刊行，后由谢廷杰汇编为《王文成公全书》，流传至今。

王守仁具有卓越的才华、杰出的军事才能，他在我国思想史、文化史上具有重要地位。

龙场
王阳明

阳明书院

世宗嘉靖帝——朱厚熜

崇道乱政

朱厚熜，明宪宗朱见深的孙子，兴献王朱祐杬的次子，明孝宗朱祐樘的侄子，明武宗朱厚照的堂弟。因为武宗没有儿子继位，所以朱厚熜成为明朝第十一位皇帝（1521年至1566年在位），年号为「嘉靖」。在位初期，他进行了一系列改革，被称为「嘉靖新政」。他整顿朝纲，减轻百姓负担，以宽厚的态度对待民众。后期崇信道教，信任严嵩等人，导致朝政腐败。在嘉靖二十一年（1542年）的「壬寅宫变」中，朱厚熜差点被宫女勒死。此后长期忽视朝政，迷信方士，浪费民力，引发了多起兵变。同时，蒙古的俺答汗长期侵扰边境，甚至在嘉靖二十九年（1550年）攻到了北京城下，即「庚戌之变」。此外，倭寇也频繁侵扰东南沿海。总之，「南倭北虏」的问题一直困扰着嘉靖朝。朱厚熜庙号为「世宗」，谥号为「钦天履道英毅神圣宣文广武洪仁大孝肃皇帝」，葬于永陵。

新政

明世宗朱厚熜在位期间通过“大礼仪之争”巩固了皇权，打击了文官势力，摆脱了杨廷和的控制，重新建立了嘉靖初期的政治格局。他对翰林院进行整顿，赋予内阁密奏的专权，提升了内阁大学士的行政能力，实质上将内阁掌控在自己手中。

朱厚熜采取了一系列举措来整治社会风气，严厉打击贪赃枉法，审查皇庄和勋戚庄园，将土地返还给农民。他还对科举制度进行整顿，以确保公正性；推行三途并用的政策，激励士气；整顿学校，加强学校的教育功能。这一系列的措施被称为“嘉靖新政”。在朱厚熜执政前期，社会出现了资本主义萌芽的迹象，文化和科技繁荣发展，涌现出许多杰出的人才。

总体而言，朱厚熜在执政前期通过一系列政治改革和整顿措施，加强了皇权，打击了腐败势力，推动了社会的发展和繁荣。

朝臣

在朱厚熜的政治手段和一系列新政改革下，明朝中期涌现出了一大批史上有名的朝臣，如权倾一时的严嵩、严世蕃等，也有清正的官员，如张居正、海瑞等。

抗倭

倭寇是指14世纪至16世纪劫掠中国沿海的日本海商与海盗集团。

嘉靖时期，东南沿海海防松弛，军备不足，战船很少，这给倭寇提供了可趁之机。他们勾结当地土豪、奸商、流氓、海盗，走私劫掠，尤为猖獗。

这一时期出现了胡宗宪、俞大猷、戚继光等著名的抗倭将领。他们率军奋勇征战，有力地打击了倭寇，取得了抗倭战争的胜利，捍卫了国家海疆安定，也为中国海防建设提供了宝贵的历史经验。

戚
胡宗宪
谭纶

大 能

徐渭，字文长，一字文清，号天池山人，晚号青藤老人，别署水月，是明代中期的文学家、戏曲家、书画家。

徐渭曾经担任胡宗宪的幕僚，帮助他成功擒获了徐海，诱捕了汪直。然而，胡宗宪被捕且死于狱中后，徐渭陷入恐惧和发狂之中，自杀多次未遂。后来，他因杀害继妻而被关押并被判死刑。在狱中度过七年后，他得到了好友的救助而获释。此后，他浪迹京中，南游金陵，北走上谷，经常游历边塞地区，历经世事沧桑，常常慷慨悲歌。徐渭晚年生活贫困且饱受疾病困扰，他的数千卷藏书也被变卖殆尽。他自称“南腔北调人”，形容自己与现实社会格格不入。

徐渭在诗文、绘画、书法、戏曲等方面都颇具才华，与解缙、杨慎并称“明代三大才子”。诗文方面，以散文《自为墓志铭》最为出色，许多尺牍也很有特色。绘画方面，他是中国“泼墨大写意画派”的创始人和“青藤画派”的开创者，画工方面能够吸取前人精华并有所创新。他擅长绘制山水、人物、花鸟、竹石等各种题材，尤其在花卉方面最为出色。他的画风影响深远，对后世画坛产生了极大的影响。书法方面，徐渭擅长气势磅礴的狂草。他开启和引领了晚明“尚态”书风，使明代书法达到新的高峰。在戏曲方面，徐渭所著的《南词叙录》是中国第一部关于南戏的理论专著。此外，他还创作了杂剧《四声猿》和《歌代啸》。

徐渭的艺术创作和文化贡献对于明代及后世的文化发展具有重要意义。

名著

吴承恩，字汝忠，号射阳山人，是明代一位杰出的文学家。

吴承恩虽才华出众，但在科举考试中屡试不第。嘉靖二十九年（1550年），他被补为岁贡生，却未被选上官职。嘉靖四十五年（1566年），任浙江长兴县丞。后遭人诬陷入狱，被释放后归隐，一心著书。

吴承恩被认为是中国四大古典名著之一的《西游记》的作者。《西游记》是一部浪漫主义章回体长篇虚构神魔小说，以丰富的想象力、深刻的哲理和生动的故事情节而闻名于世。它讲述了唐僧师徒在取经途中所经历的冒险和成长的故事，充满了幽默、智慧和对人性的思考，刻画了许多深具特点、个性鲜活的角色，体现了对善恶、信仰和命运的探索。

《西游记》是一部富有娱乐性的冒险小说，更是一部充满智慧和哲理的文学杰作，它对中国传统文化产生了深远影响。

本草

李时珍，字东璧，是明代著名的医药学家。

从嘉靖四十四年（1565年）开始，他进行了长达二十七年的艰苦研究。他亲自到武当山、庐山、茅山、牛首山等地收集药物标本和处方，并向渔民、樵夫、农民、车夫、药工、捕蛇者等各行各业的人学习，参考了历代医药文献。他深入研究、反复考证，记录了上千万字的札记，解决了许多医药方面的疑难问题，三易其稿，最终完成了巨著《本草纲目》，全书共计五十二卷。

《本草纲目》是中国古代药学史上部头最大、内容最丰富的药学巨著。书中所载药品非常丰富，其中也包含了很多自然科学（动物学、植物学、矿物学、化学等）知识。书中描述了药物名称、产地、形态、栽培与采集方法，炮制之法，药物的性味与功用等，配有一千一百余幅插图。此外，还附有一万一千余首古代医家和民间流传方剂。

李时珍不仅在本草学方面做出了杰出的贡献，在脉学和经络学方面的造诣也颇深，著有《奇经八脉考》和《濒湖脉学》等多部著作。

穆宗隆庆帝——朱载垕

纵情声色

朱载垕是明世宗朱厚熜的第三子，1566年至1572年在位，是明朝的第十二位皇帝，年号为「隆庆」。嘉靖十八年（1539年），朱载垕被封为裕王，但由于明世宗迷信「二龙不相见」的说法，以及他并非长子，因此很少得到父亲的关爱。朱载垕登基后，重用徐阶、高拱、陈以勤、张居正等大臣，革除了前朝的弊政，与蒙古的俺答汗达成了「隆庆和议」。此外，他还批准开海禁，允许民间进行远洋贸易，这被称为「隆庆开关」。朱载垕兴利除弊，明朝经济得以繁荣发展，社会相对稳定。朱载垕的庙号是「穆宗」，谥号是「契天隆道渊懿宽仁显文光武纯德弘孝庄皇帝」，葬于昭陵。

争立

嘉靖十八年（1539年），明世宗册立次子朱载壡为太子，三子朱载坖为裕王，四子朱载圳为景王。然而，太子朱载壡在嘉靖二十八年（1549年）三月薨，按序当继立裕王。由于世宗将太子早逝归咎于过早立储，且他迷信“二龙不相见”的说法，故并未马上另立新储。嘉靖三十二年（1553年），裕王朱载坖与景王朱载圳都离开宫廷，居住于京师藩邸，礼服无异。因景王朱载圳更得世宗偏爱，朝中形成了以严嵩为首的“拥景派”和以徐阶为首的“拥裕派”两派势力。

嘉靖三十九年（1560年），大臣郭希颜上书请立储。这激怒了世宗，郭希颜被处决。为了阻止朝野议论，世宗令景王朱载圳去德安府就藩。嘉靖四十四年（1565年），景王朱载圳薨，朱载坖才确保了他的储君地位。

朱厚熜
朱载垕

声色

朱载垕为裕王时谨小慎微，所纳姬御很少。但他即位后就开始充选掖庭，两年半封妃十三名，嫔及以下女子无算。每次增选宫人，会选十一岁以上十六岁以下三百名女子入宫。

朱载垕耽于女色，日益放纵，身体每况愈下，于隆庆六年（1572年）驾崩于乾清宫，时年三十六岁。

神宗万历帝——朱翊钧

罢朝怠政

朱翊钧，明穆宗朱载垕的第三子。穆宗驾崩后，年幼的朱翊钧登基，成为明朝第十三位皇帝（1573年至1620年在位），年号为『万历』。他是明朝历史上在位时间最长的皇帝。明神宗即位初期的十年里，由内阁首辅张居正主持政务，开创了『万历中兴』时期。在万历二十年至二十八年（1592年至1600年）间，神宗主持了『万历三大征』。虽然战争取得了胜利，但也耗费了大量的财力。他因立嗣问题与内阁争执十余年，后竟三十多年不上朝，这给朝廷带来了不小的困扰。他的庙号是『神宗』，谥号是『范天合道哲肃敦简光文章武安仁止孝显皇帝』，葬于定陵。

考成法

在张居正成为内阁首辅后，朱翊钧对他十分尊重和信任。朱翊钧在思想和行动上全力支持张居正，与他合力推行了一系列改革措施。其中，万历元年（1573年）推出了一项名为“考成法”的改革，旨在“尊主权，课吏职，信赏罚，一号令”，以提高朝廷机构的工作效率，最终形成了“以内阁稽查六科，以六科稽查六部、都察院，六部、都察院稽查巡抚、巡按”的考成系统。

这项改革的目标是尊重皇权、明确官员的职责，实行奖罚分明的管理制度，推行一揽子的号令来加强统治。通过这一改革，朝廷希望提高行政机构的运作效率，以便更好地应对国家的各种事务。这是朱翊钧积极支持和推动的重要举措之一，体现了他对张居正及其改革思想的认同和支持。

光宗泰昌帝——朱常洛

命丧红丸

朱常洛，明神宗朱翊钧长子，明朝第十四位皇帝（1620年8月28日至1620年9月26日在位），年号「泰昌」。他从小不得父亲喜爱，经历了「国本之争」「梃击案」等重大历史事件。在位期间，他任用贤臣，积极改革，罢除矿税、榷税，重振朝廷纲纪，犒赏边防将士。他在位仅一个月，因服食内官所进「红丸」而驾崩。庙号「光宗」，谥号「崇天契道英睿恭纯宪文景武渊仁懿孝贞皇帝」，葬于庆陵。

梃击

万历四一三年（1615年），一名男子手持枣木棍，闯入太子朱常洛居住的慈庆宫，无差别地袭击守门官和其他人，一直打到前殿，最终被内官所擒。审讯后男子供述是郑贵妃的宦官庞保和刘成指使他进行袭击。郑贵妃极力辩白。明神宗和太子选择不深究此事，只将袭击者处死。随后，明神宗下令秘密处死庞保和刘成。这一事件被称为“梃击案”。尽管《明史》中未明确记录这一案件，但郑贵妃企图夺嫡的事确有可信度。

“梃击案”揭示了明代宫廷内部权力斗争的激烈，涉及政治角逐和权利争夺。由于历史记载不完整，且相关人证消失，事件的真相仍存在争议。

慈庆宫

红丸

朱常洛即位后不久即患病。当时，宦官崔文昇任司礼监秉笔，掌御药房。他向皇帝进“通利药”，皇帝病情加重，甚至到了让大臣入宫受顾命的地步。这种情况下，光宗听说鸿胪寺丞李可灼有药，随即命李可灼入宫诊治。李可灼向光宗进一红丸，光宗服用后病情有所好转，随即又服下一颗。然而，第二天光宗就驾崩了。

光宗死后，议者蜂起。因崔文昇曾为郑贵妃的内侍，有朝臣便指崔文昇受郑贵妃指使弑君。后崔文昇被发遣南京，李可灼被遣戍边地。此案史称“红丸案”。

外患

“土木之变”后，瓦剌开始攻击女真，明朝在女真部族间的威信开始降低。女真大致形成建州、西海、野人三大部分，一些女真部族甚至开始劫掠辽东地区，公然向明朝发起挑战。明朝对于女真的发展感受到了极大的威胁，于是采取“分其枝，离其势，互令争长仇杀，以贻中国之安”的政策，使其彼此牵制，混战不休。统一成为女真部人心所向。

万历十一年（1583年），努尔哈赤的祖父和父亲被明朝误杀。努尔哈赤以报仇之名，开启了统一女真的战争。经过几轮战事，努尔哈赤的军事实力逐渐增强。万历四十四年（1616年），努尔哈赤在赫图阿拉称汗，建立“后金”。万历四十七年（1619年），明朝调集大军进攻后金，在萨尔浒遭后金埋伏大败。萨尔浒之战后，后金对于明朝的态度由战略防御转向进攻。光宗时期，后金成为明朝非常严重的外患。

朱常洛

一条鞭

明朝中后期，土地兼并严重，地权高度集中，加之官绅包揽、徭役日重等，政府财政大量减少。为了扭转这种局面，万历初期张居正在全国范围内推行新的赋税和徭役制度，即“一条鞭法”。“一条鞭法”是指把各州县的田赋、徭役及其他杂征总为一条，合并征收银两，按亩折算缴纳。

“一条鞭法”推行后，简化了税制，在一定程度上削弱了徭役制对农民的奴役，由赋税和徭役引发的社会矛盾有所缓解，这也有利于农业生产和商品生产的发展，是中国历史上具有深远影响的一次社会变革。

清算

万历十年（1582年），太师兼太子太师、吏部尚书、中极殿大学士张居正病逝，神宗朱翊钧为之辍朝一日，谥"文忠"，赠上柱国。

然而，四日后，张居正推荐入阁的礼部尚书兼武英殿大学士潘晟受言官弹劾并被勒令致仕。此事拉开了皇帝清算张居正的序幕。弹劾张居正的奏章多如牛毛，张居正被削官秩，夺玺书、四代诰命。万历十二年（1584年），张居正家被查抄，数十人死于狱中。神宗将张居正的罪名公诸天下，将其家属革职发配到烟瘴之地充军。

明神宗曾对张居正的罪行做过最终裁定："张居正诬蔑亲藩，侵夺王坟府第；钳制言官，蔽塞朕聪；私占废辽地亩；假以丈量，庶希骚动海内；专权乱政，罔上负恩，谋国不忠。本当断棺戮尸，念效劳有年，姑免尽法追论。"

张居正死后，明神宗开始陆续启用因反对张居正而被打压的官员。除"一条鞭法"外，万历初年的改革措施几乎即行废止。

张居正
一条鞭

朱翊钧

朱翊钧

栋梁

张居正，字叔大，号太岳，是明朝的政治家、改革家。

在嘉靖二十六年（1547年）考中进士后，张居正受到徐阶赏识。神宗即位后，张居正代替高拱成为内阁首辅，且担任这一职位长达十年。他在任期间主持裁决军政大事，实施了一系列改革措施，对政府机构、财政管理、军事制度和地方治理等方面进行了革新和整顿。张居正的改革目标是加强明朝政权的稳固、增强国力。

张居正的改革在一定程度上强化了中央集权，使政府财政更加充盈，推动了商品经济的发展，并且增强了国防力量，边境安宁，使明朝一度出现了中兴气象。但是改革触动了大地主阶级和豪门贵族的利益，遭到他们的强烈抵制。张居正死后，除“一条鞭法”外，其他改革措施基本废止。后张居正受到皇帝及相关利益者的清算，张居正的谥号等被剥夺，家被查抄，直到天启年间才得以平反。

张居正留下了一系列的著作，包括《书经直解》《帝鉴图说》等。他的一些言论文章被子懋编为《张太岳集》。这些著作对后世的政治、军事和经济思想产生了重要影响。总的来说，张居正在明代历史上扮演着重要的角色，他的改革措施和政治思想为后世的统治者提供了借鉴。

不朝

从万历十四年（1586年）开始，朱翊钧开始自我放纵，身体日渐衰弱，政务处理也逐渐懈怠。“国本之争”使皇帝和朝臣之间斗争了很多年，他选择罢朝退避，甚至通过拒绝补任官员、拒绝官员升迁、不许官员致仕等方式报复曾阻挠过他的百官。万历二十年（1592年）起，皇帝便久居深宫不出，直至万历四十八年（1620年）驾崩。

神宗不上朝不代表他不理朝政，他是通过谕旨形式来处理政务的，甚至“万历三大征”都是通过谕旨形式处理的。神宗的消极怠政致使明朝政治日益腐败，明朝逐步走向灭亡。

神宗郑皇贵妃

努尔哈赤

熹宗天启帝——朱由校

木匠皇帝

朱由校是明光宗朱常洛的长子，明朝第十五位皇帝（1620年至1627年在位），年号为『天启』。朱由校执政之初，重用东林党人，为张居正等罪臣平反，优恤元勋。东林党势大，众正盈朝，吏治稍清。后魏忠贤和客氏干政，矫诏擅权，排挤东林党，引起党争。魏忠贤等人把持朝政，屡兴大狱，严重影响了中央军政决策与行政效率，导致明朝国力日下，社会矛盾突出，兵变不断发生。此时后金逐渐崛起，努尔哈赤率兵屡挫明军，辽东防线岌岌可危。朱由校庙号『熹宗』，谥号『达天阐道敦孝笃友章文襄武靖穆庄勤悊皇帝』，葬于德陵。

木匠

朱由校是历代帝王中一位颇具特色的皇帝。他对木工制作有着浓厚的兴趣，并展现了出色的天赋。他亲自动手制作的漆器、床榻、梳匣等木制品，均精致非凡，令人惊叹。此外，他还酷爱建筑。据说，只要是亲眼见过的木器或亭台楼阁，他都能够复制出来。他会不厌其烦地操作刀锯斧凿，亲自参与制作，且乐此不疲。

朱由校
魏忠贤

党争

东林党是晚明以江南士大夫为主的政治集团。朱由校即位后，重用东林党人，东林党势盛。天启四年（1624年）六月，左副都御史杨涟弹劾魏忠贤二十四条大罪，但朱由校并未采纳，反而于十月罢黜了吏部侍郎陈于廷、左副都御史杨涟和佥都御史左光斗的官职。

魏忠贤得势后，他开始控制厂卫等特务机构，勾结外朝部分东林政敌，对东林党进行贬斥或血腥屠戮。其间，许多东林党人被迫害致死，其中包括“东林六君子”。天启五年（1625年）八月，毁天下东林讲学书院。此外，一些武将因与东林党人有交，也被牵连致死，如熊廷弼等。

党争祸国，晚明时期东林党人与阉党的争斗进一步加速了明朝的灭亡。

魏忠贤

柱石

袁崇焕(1584~1630年)，字元素，号自如，明末清初著名抗清将领和爱国志士。袁崇焕于万历四十七年(1619年)中进士，常以边才自许。努尔哈赤夺占广宁后，袁崇焕曾单骑巡阅山海关内外，还朝后备陈关上形势，自请守关。他修筑关外重镇宁远城，拒绝撤守关内。天启六年(1626年)，后金军攻打宁远，袁崇焕刺血为书，激励士气，以死守城，最终取得胜利。努尔哈赤因此抑郁而卒。宁远大捷是继萨尔浒之战后明军对后金作战取得的首次重大胜利，极大地鼓舞了士气。次年，皇太极率军包围锦州，进攻宁远。袁崇焕率军抵御，明军士卒多战死，但仍力战不退，锦州终不可破，后金撤军。此为"宁锦大捷"。崇祯二年(1629年)，皇太极率军取道喜峰口入关，直逼京师。袁崇焕自辽东千里驰援，与后金军鏖战于广渠门外，最终取得京师之战的胜利。后金屡挫于袁崇焕，于是设反间计，诬陷袁崇焕与后金有秘密约定。后崇祯帝将袁崇焕下狱并凌迟处死。

思宗崇祯帝——朱由检

煤山自缢

朱由检（1627年至1644年在位），明光宗朱常洛第五子，明朝第十六位皇帝，也是明朝作为全国统一政权的最后一位皇帝，年号为『崇祯』。朱由检即位后，大力铲除阉党，勤于政事，厉行节俭，平反冤狱。然而，在位期间朝廷党争不休，民间灾害不断，导致农民起义爆发。关外后金政权趁势崛起，国家处于内忧外患之中。崇祯十七年（1644年），李自成进抵北京，朱由检在煤山自缢而亡。

瘟疫

明朝末期，旱灾愈发频繁，大旱引发饥荒，进而出现瘟疫。

崇祯六年（1633年），山西爆发瘟疫。崇祯十四年（1641年），疫情扩散至河北。大名府有记录称："春无雨，蝗蝻食麦尽，瘟疫大行，人死十之五六，岁大凶。"后疫疾从河北地区传至北京，即"疙瘩瘟"。医学家吴又可的《瘟疫论》中有记载："夏秋大疫，人偶生一赘肉隆起，数刻立死，谓之疙瘩瘟，都人患此者十四五。至春间又有呕血者，或一家数人并死。"崇祯十五年（1642年），天津爆发肺鼠疫。相关文献中对崇祯十六年（1643年）的事件有记载："上天降灾，瘟疫流行，自八月至今（九月十五日），传染至盛。有一二日亡者，有朝染夕亡者，日每不下数百人，甚有全家全亡不留一人者，排门逐户，无一保全。"

瘟疫的爆发加速了明王朝的灭亡。

闯王

李自成，原名鸿基，明末农民起义领袖，建立大顺政权。

崇祯三年（1630年），李自成率起义军投闯王高迎祥。崇祯九年（1636年），高迎祥被杀，李自成继任闯王。他提出“均田免赋”的口号，广受人民拥戴，部队发展到百万之众。崇祯十六年（1643年），李自成在襄阳称新顺王。崇祯十七年（1644年），建立大顺政权。不久攻克北京，崇祯帝被逼自缢。

李自成领导的农民起义在中国历史上具有深远影响。

李自成
吴三桂

瘟疫

皇太极

扣关

崇祯八年（1635年），后金平定察哈尔部，统一了漠南蒙古，建国号“满洲”。次年，皇太极称帝，改国号“大清”。皇太极率军不断对明作战。崇祯十五年（1642年），皇太极率劲旅取得松锦之战的胜利，明军主帅洪承畴被俘，宁锦防线崩溃，清军入关之路被彻底打通。崇祯十七年（1644年），摄政王多尔衮率军南下，明朝将领吴三桂献关降清，大批清军入关，驰入中原。

煤山

崇祯十七年（1644年）三月，李自成的先锋部队抵达京郊，攻陷昌平。朱由检询问诸臣守城之策，诸臣无计可施。

李自成攻陷外城后，朱由检开始安排后事。他将三名皇子送出宫外，令妃嫔等自尽。周皇后自缢身亡。朱由检持剑砍杀妃嫔，年仅六岁的昭仁公主亦被砍死，长平公主被砍断一臂。

后朱由检与太监王承恩登上煤山，自缢而亡。明朝统治结束，历时二百七十六年。

朱由检

大明卷

明朝十六帝

刘明 编著

平民天子

太祖洪武帝——朱元璋

朱元璋，明朝开国皇帝，字国瑞，原名朱重八、朱兴宗，出生于濠州钟离（今安徽凤阳）。他于1368年至1398年在位，年号『洪武』。他推翻元朝统治，建立明朝，并推行一系列政策，使人民得以休养生息。朱元璋谥号『开天行道肇纪立极大圣至神仁文义武俊德成功高皇帝』，庙号『太祖』，葬于明孝陵。

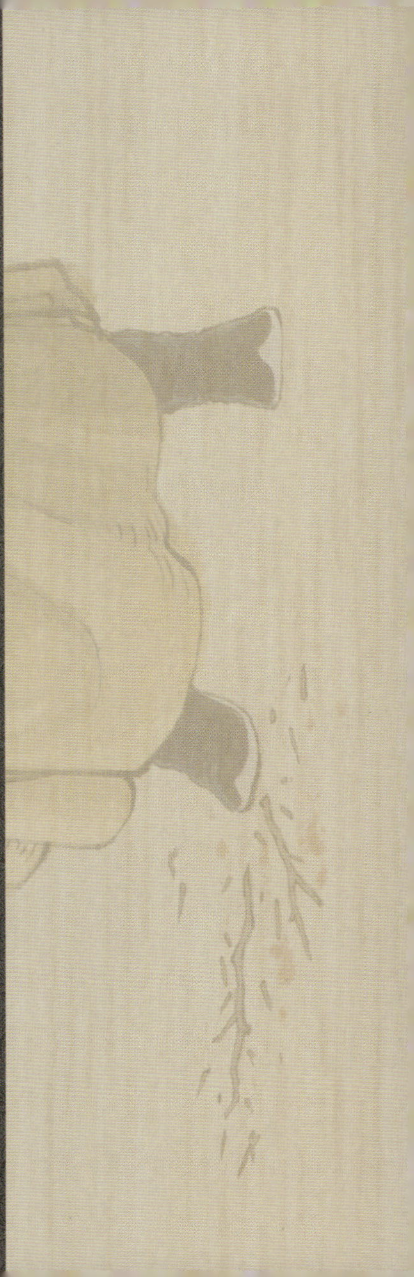

朱元璋

朱允炆

惠帝建文帝——朱允炆

下落不明

朱允炆是明朝第二位皇帝。他推行了一系列改革政策，包括优容文士、宽刑省狱、减轻赋税、革除冗员等，即后人所称『建文新政』。他还推行削藩政策，废黜了周王、代王、齐王、岷王等皇室成员，湘王自焚而死。燕王朱棣发动了『靖难之役』，夺取了皇位。

雄才大略

成祖永乐帝——朱棣

朱棣是明太祖朱元璋的第四子，也是建文帝朱允炆的叔父。他于1402年登基称帝，年号『永乐』，成为明朝的第三位皇帝，直到1424年驾崩，葬于长陵。早年他被封为燕王，曾招降北元太尉乃儿不花。后来建文帝削藩，朱棣借口『奉天靖难』，夺取了皇位。在他统治期间，国家经济繁荣，国力强盛，被称为『永乐盛世』。他的庙号是『太宗』，谥号是『体天弘道高明广运圣武神功纯仁至孝文皇帝』。明朝嘉靖时期，庙号被改为『成祖』，谥号被改为『启天弘道高明肇运圣武神功纯仁至孝文皇帝』。

朱棣

朱高炽

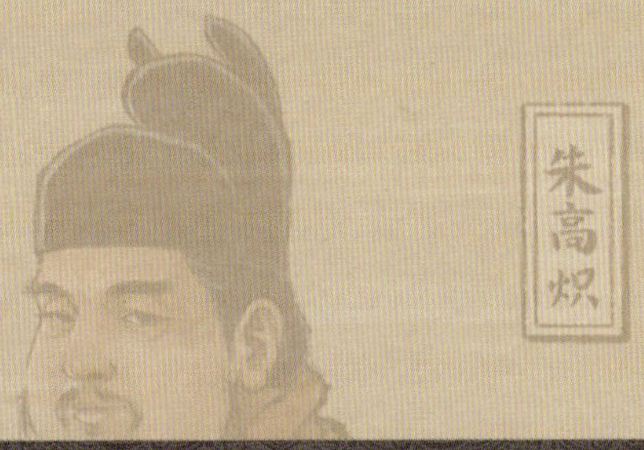

仁宗洪熙帝——朱高炽

宽仁为本

朱高炽，明成祖朱棣长子，洪武二十八年（1395年）被册立为燕王世子，明朝第四位皇帝（1424年至1425年在位），年号『洪熙』。靖难之役期间，朱高炽守北平府，仅以万人拒李景隆五十万之众。明成祖朱棣数次北征，朱高炽都以太子身份监国，朝无废事。永乐二十二年（1424年）八月登基。在位期间为政开明，发展生产，与民休息，赦免了许多建文帝的旧臣，平反了许多冤狱，废除了许多苛政，为『仁宣之治』打下基础。庙号『仁宗』，谥号『敬天体道纯诚至德弘文钦武章圣达孝昭皇帝』，葬于献陵。

英姿睿略

宣宗宣德帝——朱瞻基

朱瞻基，明朝第五位皇帝。他是明成祖朱棣的孙子、明仁宗朱高炽的长子。在他的统治下，社会经济获得了空前的发展，这一时期也被称为『仁宣之治』。朱瞻基非常注重治国，他整顿了吏治和财政，并提升了内阁的地位，任用了一些有才干的官员，如『三杨』、蹇义、夏原吉等。他还教导宦官读书参政。他实行休养生息政策，缓和社会矛盾，并停止了对交趾的战争，避免了不必要的损失。此外，他还令郑和第七次下西洋。除了治国有方，朱瞻基在书画方面也有很高的造诣。他点墨写生，工于绘事，山水、人物、走兽、花鸟、草虫均为佳作。他的谥号为『宪天崇道英明神圣钦文昭武宽仁纯孝章皇帝』，葬于景陵。

朱瞻基

朱祁镇

复立为帝

英宗正统/天顺帝——朱祁镇

朱祁镇，明朝第六位（1435年至1449年在位）和第八位（1457年至1464年在位）皇帝，是宣宗朱瞻基的长子。他在年少时继承了皇位，但实际上国家事务由太皇太后张氏掌管。成年后，他致力于治理国家，但却过分宠信王振，导致宦官专权。朱祁镇曾试图攻打崛起的蒙古瓦剌部，但在土木堡遭受失败并被俘。他的弟弟郕王朱祁钰登基称帝，并在北京保卫战中获胜。朱祁镇被瓦剌放回后被朱祁钰安置于南宫。七年后，朱祁镇发动『夺门之变』，重新登基称帝，改年号为『天顺』。然而，他重用奸臣，导致明朝有所恢复的国力再度受挫。他的庙号是『英宗』，谥号为『法天立道仁明诚敬昭文宪武至德广孝睿皇帝』，葬于明十三陵中的裕陵。

朱祁钰

临危即位

代宗景泰帝——朱祁钰

朱祁钰是明朝第七位皇帝，也被称为景泰帝。他是明宣宗朱瞻基的次子，明英宗朱祁镇的异母弟弟。在『土木之变』后，他得到于谦、王直等大臣的支持，被拥立为皇帝。景泰帝在位期间展现了出色的才干和领导能力。他重用了于谦等人，并采取了一系列政治、经济和军事方面的改革举措，致力于整顿国家，推动明朝的稳定和发展。在他的带领下，取得了北京保卫战的胜利，使得明朝逐渐有了中兴之势。然而，后来明英宗发动『夺门之变』，重夺帝位。不久之后，景泰帝突然离世，被追谥为『戾』。明宪宗即位后，追谥他为『恭仁康定景皇帝』。与之前的明朝皇帝不同，朱祁钰被葬于景泰陵，成为迁都北京后第一个不葬于明十三陵的皇帝。

朱祁钰

朱见深

两为太子

宪宗成化帝——朱见深

朱见深，后更名为朱见濡，是明英宗朱祁镇的长子，明代宗朱祁钰的侄子，1464年至1487年在位，年号『成化』。朱见深在位期间展现出英明宽仁的治理风格。成化初期，他恢复了朱祁钰的皇帝尊号，并平反了于谦的冤案。他任用了贤明的大臣商辂等来处理国家事务，采取了宽免赋税、减省刑罚等政策，促进了社会经济的复苏。然而，成化中后期，他沉溺后宫，任用奸邪之人，崇信道术，朝政转向晦暗。朱见深的庙号是『宪宗』，谥号是『继天凝道诚明仁敬崇文肃武宏德圣孝纯皇帝』，葬于茂陵。总体而言，朱见深在位期间表现出了一定的政治才能和善良品性，对国家发展和社会稳定做出了积极贡献。

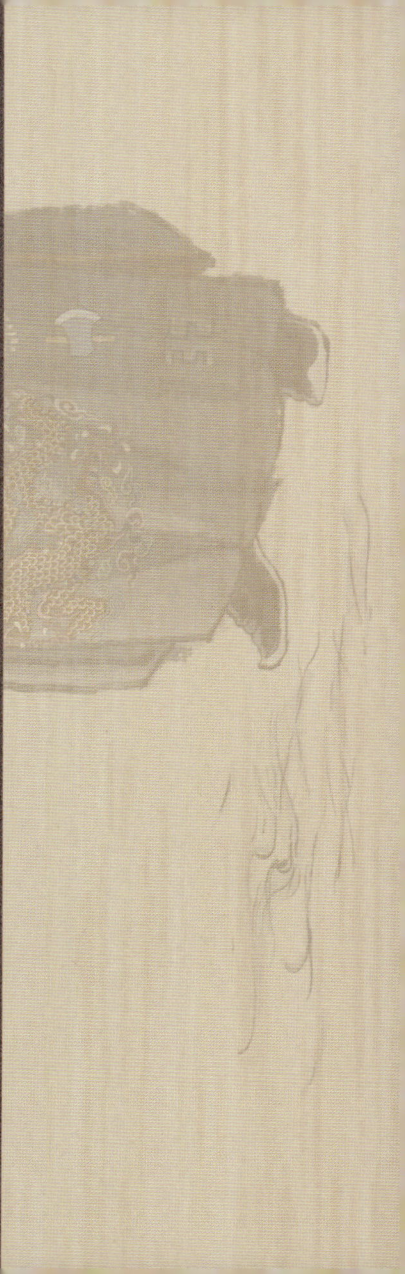

泰位有制

孝宗弘治帝——朱祐樘

朱祐樘，明宪宗朱见深的第三子，明朝第九位皇帝（1487年至1505年在位），年号『弘治』。他为人宽厚仁慈，生活节俭，不沉溺于女色，专注于政务；重视司法，提倡言路开放，努力改变朝廷的腐败状况，驱逐奸佞之徒，任用正直的大臣（如王恕、刘大夏等）。明孝宗统治时期被后人称为『弘治中兴』。历代史学家对朱祐樘给予了极高的评价，明朝后期大臣、学者朱国桢曾说过：『三代以下，称贤主者，汉文帝、宋仁宗与我明之孝宗皇帝』。朱祐樘的庙号为『孝宗』，谥号为『达天明道纯诚中正圣文神武至仁大德敬皇帝』，葬于泰陵。

朱祐樘

朱厚照

躬御边寇

武宗正德帝——朱厚照

朱厚照，明孝宗朱祐樘和张皇后的长子，明朝第十位皇帝（1505年至1521年在位），年号『正德』。他在位期间信任刘瑾等宦官。刘瑾等宦官构成『八虎』集团，形成内臣势力。朱厚照本人沉溺于荒淫怪诞的生活，导致社会经济进一步恶化，阶级矛盾不断激化。其间，农民起义频繁发生，并出现了宗室安化王朱寘鐇、宁王朱宸濠等人起兵夺位的事件。朱厚照虽看起来昏庸无道，但在朝政大事上并不糊涂，任用了不少贤臣良才，使明朝统治大体保持稳定。朱厚照庙号为『武宗』，谥号为『承天达道英肃睿哲昭德显功弘文思孝毅皇帝』，葬于康陵。

崇道乱政

世宗嘉靖帝——朱厚熜

朱厚熜，明宪宗朱见深的孙子，兴献王朱祐杬的次子，明孝宗朱祐樘的侄子，明武宗朱厚照的堂弟。因为武宗没有儿子继位，所以朱厚熜成为明朝第十一位皇帝（1521年至1566年在位），年号为『嘉靖』。在位初期，他进行了一系列改革，被称为『嘉靖新政』。他整顿朝纲，减轻百姓负担，以宽厚的态度对待民众。后期崇信道教，信任严嵩等人，导致朝政腐败。在嘉靖二十一年（1542年）的『壬寅宫变』中，朱厚熜差点被宫女勒死。此后长期忽视朝政，迷信方士，浪费民力，引发了多起兵变。同时，蒙古的俺答汗长期侵扰边境，甚至在嘉靖二十九年（1550年）攻到了北京城下，即『庚戌之变』。此外，倭寇也频繁侵扰东南沿海。总之，『南倭北虏』的问题一直困扰着嘉靖朝。朱厚熜庙号为『世宗』，谥号为『钦天履道英毅神圣宣文广武洪仁大孝肃皇帝』，葬于永陵。

朱厚熜

朱载垕

纵情声色

穆宗隆庆帝——朱载垕

朱载垕是明世宗朱厚熜的第三子，1566年至1572年在位，是明朝的第十二位皇帝，年号为『隆庆』。嘉靖十八年（1539年），朱载垕被封为裕王，但由于明世宗迷信『二龙不相见』的说法，以及他并非长子，因此很少得到父亲的关爱。朱载垕登基后，重用徐阶、高拱、陈以勤、张居正等大臣，革除了前朝的弊政，与蒙古的俺答汗达成了『隆庆和议』。此外，他还批准开海禁，允许民间进行远洋贸易，这被称为『隆庆开关』。朱载垕兴利除弊，明朝经济得以繁荣发展，社会相对稳定。朱载垕的庙号是『穆宗』，谥号是『契天隆道渊懿宽仁显文光武纯德弘孝庄皇帝』，葬于昭陵。

神宗万历帝——朱翊钧

朱翊钧，明穆宗朱载垕的第三子。穆宗驾崩后，年幼的朱翊钧登基，成为明朝第十三位皇帝（1573年至1620年在位），年号为『万历』。他是明朝历史上在位时间最长的皇帝。明神宗即位初期的十年里，由内阁首辅张居正主持政务，开创了『万历中兴』时期。在万历二十年至二十八年（1592年至1600年）间，神宗主持了『万历三大征』。虽然战争取得了胜利，但也耗费了大量的财力。他因立嗣问题与内阁争执十余年，后竟三十多年不上朝，这给朝廷带来了不小的困扰。他的庙号是『神宗』，谥号是『范天合道哲肃敦简光文章武安仁止孝显皇帝』，葬于定陵。

朱翊钧

朱常洛

命丧红丸

光宗泰昌帝——朱常洛

朱常洛，明神宗朱翊钧长子，明朝第十四位皇帝（1620年8月28日至1620年9月26日在位），年号『泰昌』。他从小不得父亲喜爱，经历了『国本之争』『梃击案』等重大历史事件。在位期间，他任用贤臣，积极改革，罢除矿税、榷税，重振朝廷纲纪，犒赏边防将士。他在位仅一个月，因服食内官所进『红丸』而驾崩。庙号『光宗』，谥号『崇天契道英睿恭纯宪文景武渊仁懿孝贞皇帝』，葬于庆陵。

木匠皇帝

熹宗天启帝——朱由校

朱由校是明光宗朱常洛的长子，明朝第十五位皇帝（1620年至1627年在位），年号为『天启』。朱由校执政之初，重用东林党人，为张居正等罪臣平反，优恤元勋。东林党势大，众正盈朝，吏治稍清。后魏忠贤和客氏干政，矫诏擅权，排挤东林党，引起党争。魏忠贤等人把持朝政，屡兴大狱，严重影响了中央军政决策与行政效率，导致明朝国力日下，社会矛盾突出，兵变不断发生。此时后金逐渐崛起，努尔哈赤率兵屡挫明军，辽东防线岌岌可危。朱由校庙号『熹宗』，谥号『达天阐道敦孝笃友章文襄武靖穆庄勤悊皇帝』，葬于德陵。

朱由校

朱由检

朱由检

思宗崇祯帝——朱由检

煤山自缢

朱由检（1627年至1644年在位），明光宗朱常洛第五子，明朝第十六位皇帝，也是明朝作为全国统一政权的最后一位皇帝，年号为『崇祯』。朱由检即位后，大力铲除阉党，勤于政事，厉行节俭，平反冤狱。然而，在位期间朝廷党争不休，民间灾害不断，导致农民起义爆发。关外后金政权趁势崛起，国家处于内忧外患之中。崇祯十七年（1644年），李自成进抵北京，朱由检在煤山自缢而亡。